AF607750

La vida de María

Primera edición: agosto 2024

info@preguntaediciones.com
www.preguntaediciones.com

Diseño de cubierta: Óscar Sanmartín Vargas, sobre un detalle del cuadro *Pietà* de Giovanni Bellini (c. 1460)

ISBN: 978-84-19766-46-5
Depósito legal: Z-1351-2024

Printed in Spain. Impreso en España por Estilo Estugraf Impresores

Rainer Maria Rilke

La vida de María

Traducción y epílogo de
Fernando J. Palacios León

PREGUNTA

Das Marien-Leben

La vida de María

ζάλην ἔνδοθεν ἔχων...

Heinrich Vogeler
dankbar
für alten und neuen
Anlaß
zu diesen Versen

Duino, Januar 1912

ζάλην ἔνδοθεν ἔχων...[1]

En agradecimiento
a Heinrich Vogeler
con antigua y nueva
ocasión
de estos versos.

Duino, enero de 1912

[1] En griego en la dedicatoria del original, significa: «llevar dentro de sí una tempestad». Se trata de un verso que aparece en la estrofa zeta del acróstico del *Himno Acatisto*, en el marco de la liturgia del rito bizantino. Dicho himno se canta en los servicios especiales de los cinco primeros viernes de la Gran y Santa Cuaresma, su nombre remite a la forma de ser cantado, literalmente: «que no es sentado». La tradición cuenta que en el año 626 el patriarca Sergio llevó el icono en procesión por la ciudad de Constantinopla mientras entonaba el himno para alentar a la población ante el asedio de ávaros y persas.

Es muy interesante lo que apunta Siglind Bruhn (2010) citando un estudio de Ernst Zinn en el que se afirma que Rilke había utilizado una traducción al alemán de *Erminia picturii bizantine*, de Dionisio de Fourna, que había en la biblioteca del castillo de Duino, para inspirarse a la hora de estructurar *La vida de María* y en cuya versión alemana la cita decía *Raum* (espacio) en lugar de *Sturm* (tormenta), es decir: «llevar dentro de sí el espacio». Lo cual da pie a conjeturas sobre que la teoría del *Weltinnenraum* (espacio interior del mundo) de Rilke fuera inspirada por dicho equívoco.

Geburt Mariae

O was muß es die Engel gekostet haben,
nicht aufzusingen plötzlich, wie man aufweint,
da sie doch wußten: in dieser Nacht wird dem
Knaben
die Mutter geboren, dem Einen, der bald
erscheint.

Schwingend verschwiegen sie sich und zeigten die
Richtung,
wo, allein, das Gehöft lag des Joachim,
ach, sie fühlten in sich und im Raum die reine
Verdichtung,
aber es durfte keiner nieder zu ihm.

Denn die beiden waren schon so außer sich vor
Getue.
Eine Nachbarin kam und klugte und wußte
nicht wie,
und der Alte, vorsichtig, ging und verhielt das
Gemuhe
einer dunkelen Kuh. Denn so war es noch nie.

El nacimiento de María

Oh, lo que debe haber costado a los ángeles
no romper de repente a cantar, como se rompe
a llorar,
pues ellos ya sabían la noticia: esa noche al
muchacho
le nacería una madre, al Único, que pronto
haría acto de presencia.

Callaron, todavía oscilantes, y señalaron en la
dirección
donde se hallaba, solitario, el predio de Joaquín,
ah, sintieron en sí mismos y en el espacio la
condensación más pura,
pero a ninguno le estaba permitido descender
hasta él.

Pues ambos se encontraban ya fuera de sí por
fingir.
Una vecina acudió y quería ayudar y no sabía cómo,
y el anciano, prudente, salió y apaciguó el mugir
de una oscura vaca. Puesto que nunca había sido
así.

Die Darstellung Mariae im Tempel

Um zu begreifen, wie sie damals war,
mußt du dich erst an eine Stelle rufen,
wo Säulen in dir wirken; wo du Stufen
nachfühlen kannst; wo Bogen voll Gefahr
den Abgrund eines Raumes überbrücken,
der in dir blieb, weil er aus solchen Stücken
getürmt war, daß du sie nicht mehr aus dir
ausheben kannst: du rissest dich denn ein.

Bist du so weit, ist alles in dir Stein,
Wand, Aufgang, Durchblick, Wölbung –,
so probier den großen Vorhang, den du vor dir hast,
ein wenig wegzuzerrn mit beiden Händen:
da glänzt es von ganz hohen Gegenständen
und übertrifft dir Atem und Getast.
Hinauf, hinab, Palast steht auf Palast,
Geländer strömen breiter aus Geländern
und tauchen oben auf an solchen Rändern,
daß dich, wie du sie siehst, der Schwindel faßt.

La presentación de María en el templo

Para entender cómo era ella entonces,
te tienes que poner primero en una tesitura
en la que las columnas te afecten; en la que seas
    capaz
de percibir peldaños; en la que arcos llenos de
    peligro
franqueen el abismo de un espacio
que persistía en ti, porque estaba erigido
con esa clase de material del que ya no puedes
deshacerte: a no ser que con él tú te derrumbes.

Si llegas a ese punto, en el que todo en ti sea roca,
muro, escalera, perspectiva, curvatura...
entonces trata de apartar con ambas manos
el enorme telón que tienes ante ti:
refulgirá el brillo de altísimos objetos
y eclipsará tu aliento y tu tacto.
Arriba, abajo, se halla palacio sobre palacio,
de barandillas manan más anchas barandillas,
y se sumergen verticales hasta semejantes
    márgenes
que el vértigo te atrapa solo con contemplarlas.

Dabei macht ein Gewölk aus Räucherständern
die Nähe trüb; aber das Fernste zielt
in dich hinein mit seinen graden Strahlen –,
und wenn jetzt Schein aus klaren
Flammenschalen
auf langsam nahenden Gewändern spielt:
wie hältst du's aus?

Sie aber kam und hob
den Blick, um dieses alles anzuschauen.
(Ein Kind, ein kleines Mädchen zwischen
Frauen.)
Dann stieg sie ruhig, voller Selbstvertrauen,
dem Aufwand zu, der sich verwöhnt verschob:
So sehr war alles, was die Menschen bauen,
schon überwogen von dem Lob
in ihrem Herzen. Von der Lust
sich hinzugeben an die innern Zeichen:
Die Eltern meinten, sie hinaufzureichen,
der Drohende mit der Juwelenbrust
empfing sie scheinbar: Doch sie ging durch alle,

Al mismo tiempo, enturbia la humarada de los
incensarios
lo que está próximo; mientras que lo lejano
te atraviesa con sus rectos rayos...
y cuando ahora el brillo de claros cuencos
llameantes
juega en las lentas vestiduras que se acercan:
¿cómo lo soportas?

Pero acudió, alzó
la vista para contemplar todo aquello.
(Una niña. Una chiquilla entre mujeres).
Entonces ascendió tranquila, plena de
confianza en sí misma,
la suntuosidad, que delicadamente se apartó:
tan profuso era todo cuanto erigen los hombres,
predominado ya por el elogio
que habita en sus corazones. De las ganas
de consagrarse a los signos interiores:
los padres se creían que ellos la estaban elevando,
el Amenazador[2] del torso enjoyado
la recibió aparentemente: pero ella caminaba a
través de todos,

[2] Rilke se refiere aquí a Dios con el apelativo de «*der Drohende*»: amenazador, torvo o conminatorio.

klein wie sie war, aus jeder Hand hinaus
und in ihr Los, das, höher als die Halle,
schon fertig war, und schwerer als das Haus.

pequeña como era, sin ir ya de ninguna mano
y plena en su destino, que ya estaba dispuesto,
más alto que la nave y más pesado que el
templo.

Mariae Verkündigung

Nicht daß ein Engel eintrat (das erkenn),
erschreckte sie. Sowenig andre, wenn
ein Sonnenstrahl oder der Mond bei Nacht
in ihrem Zimmer sich zu schaffen macht,
auffahren –, pflegte sie an der Gestalt,
in der ein Engel ging, sich zu entrüsten;
sie ahnte kaum, daß dieser Aufenthalt
mühsam für Engel ist. (O wenn wir wüßten,
wie rein sie war. Hat eine Hirschkuh nicht,
die, liegend, einmal sie im Wald eräugte,
sich so in sie versehn, daß sich in ihr,
ganz ohne Paarigen, das Einhorn zeugte,
das Tier aus Licht, das reine Tier –,)
Nicht, daß er eintrat, aber daß er dicht,
der Engel, eines Jünglings Angesicht
so zu ihr neigte; daß sein Blick und der,
mit dem sie aufsah, so zusammenschlugen
als wäre draußen plötzlich alles leer

La Anunciación a María

Que entrara un ángel (admítelo)
no la asustó. Apenas se inquietó como sucede
a otros
cuando la luz del sol o de la luna por la noche
consigue entrar en su aposento...
le importunó la forma, la figura,
en la que un ángel acudía;
apenas sospechaba que esa estancia
fuera para los ángeles tan ardua. (Oh, si supiéramos
lo pura que ella era. ¿Acaso no la vislumbró
una cierva
que yacía en el bosque y se prendó
tanto de ella que, sin apareamiento,
engendró en sí misma al unicornio,
al animal de luz, al animal inmaculado...?).
No el hecho de que él entrara, sino que él, el ángel,
aproximara tanto su rostro juvenil
y lo inclinara tanto hacia sí; que la mirada de él
y la que
ella le elevaba se encontraron de tal modo
que era como si todo lo exterior estuviera vacío
de repente

und, was Millionen schauten, trieben, trugen,
hineingedrängt in sie: nur sie und er;
Schaun und Geschautes, Aug und Augenweide
sonst nirgends als an dieser Stelle –: sieh,
dieses erschreckt. Und sie erschraken beide.

Dann sang der Engel seine Melodie.

y lo que millones vieron, empujaron, cargaron,
se hubiera introducido en ella; sólo ella y él;
el mirar y lo mirado, el ojo y la maravilla
y nada más, excepto que en ese punto...: observa,
esto sí asusta. Y ambos se asustaron.

Entonces entonó su melodía el ángel.

Mariae Heimsuchung

Noch erging sie's leicht im Anbeginne,
doch im Steigen manchmal ward sie schon
ihres wunderbaren Leibes inne, –
und dann stand sie, atmend, auf den hohn

Judenbergen. Aber nicht das Land,
ihre Fülle war um sie gebreitet;
gehend fühlte sie: man überschreitet
nie die Größe, die sie jetzt empfand.

Und es drängte sie, die Hand zu legen
auf den andern Leib, der weiter war.
Und die Frauen schwankten sich entgegen
und berührten sich Gewand und Haar.

Jede, voll von ihrem Heiligtume,
schützte sich mit der Gevatterin.
Ach der Heiland in ihr war noch Blume,
doch den Täufer in dem Schoß der Muhme
riß die Freude schon zum Hüpfen hin.

Visitación de María

Al principio aún se sentía ligera,
a veces, sin embargo, al subir una cuesta percibía
la milagrosa carga de su cuerpo...
entonces se detuvo, para tomar aliento, en los
altos

montes de Judea. Pero no era la tierra
sino su propia plenitud extendida en torno a sí;
lo sintió caminando: nunca se lograría
superar la grandeza que ella entonces albergaba.

Y le urgió posar su mano
en el otro cuerpo, que estaba aún más abultado.
Las mujeres se acercaron bamboleantes
y se acariciaron las vestiduras y el cabello.

Cada una de ellas, repletas de su santimonia,
se protegía con su madrina.
Ah, en ella aún era el Salvador tan solo flor,
pero el Bautista en el vientre de la prima
ya estaba dando saltos de alegría.

Argwohn Josephs

Und der Engel sprach und gab sich Müh
an dem Mann, der seine Fäuste ballte:
Aber siehst du nicht an jeder Falte,
daß sie kühl ist wie die Gottesfrüh.

Doch der andre sah ihn finster an,
murmelnd nur: Was hat sie so verwandelt?
Doch da schrie der Engel: Zimmermann,
merkst du's noch nicht, daß der Herrgott handelt?

Weil du Bretter machst, in deinem Stolze,
willst du wirklich den *zu Rede stelln,*
der bescheiden aus dem gleichen Holze
Blätter treiben macht und Knospen schwelln?

Er begriff. Und wie er jetzt die Blicke,
recht erschrocken, zu dem Engel hob,
war der fort. Da schob er seine dicke
Mütze langsam ab. Dann sang er lob.

Sospecha de José

Y habló el ángel y se esforzó
por hacer ver al hombre, que cerraba los puños:
¿Es que no observas cómo en cada pliegue
está cencida igual que la divina aurora?

Pero el otro lo miraba suspicaz,
murmurando tan sólo: ¿Qué es lo que la ha
tornado así?
Pero el ángel profirió un grito entonces:
¡Carpintero!
¿Es que no te das cuenta de que obra el Señor?

Porque tú hagas tablas con orgullo,
¿de veras quieres que te dé explicaciones *el que*
humilde hace brotar del mismo leño
las hojas e hincha el cáliz de las flores?

Comprendió. Y según alzó la vista,
realmente aterrado, hacia el ángel,
este había desaparecido. Se retiró despacio
el grueso gorro. Luego cantó alabanzas al Señor.

Verkündigung über den Hirten

Seht auf, ihr Männer. Männer dort am Feuer,
die ihr den grenzenlosen Himmel kennt,
Sterndeuter, hierher! Seht, ich bin ein neuer
steigender Stern. Mein ganzes Wesen brennt
und strahlt so stark und ist so ungeheuer
voll Licht, daß mir das tiefe Firmament
nicht mehr genügt. Laßt meinen Glanz hinein
in euer Dasein – Oh, die dunklen Blicke,
die dunklen Herzen, nächtige Geschicke
die euch erfüllen. Hirten, wie allein
bin ich in euch. Auf einmal wird mir Raum.
Stauntet ihr nicht: der große Brotfruchtbaum
warf einen Schatten. Ja, das kam von mir.
Ihr Unerschrockenen, o wüßtet ihr,
wie jetzt auf eurem schauenden Gesichte
die Zukunft scheint. In diesem starken Lichte
wird viel geschehen. Euch vertrau ichs, denn
ihr seid verschwiegen; euch Gradgläubigen

Anunciación a los pastores

Alzad la vista, hombres. Hombres junto al fuego
que conocéis el cielo ilimitado,
astrólogos judiciarios, ¡para acá! Mirad, soy una
nueva
estrella ascendente. Arde todo mi ser
y brilla tan potente y es de una luz
tan intensa, que no me es suficiente
el hondo firmamento. Dejad que mi fulgor
se adentre en vuestra existencia... Oh, las
oscuras miradas,
oscuros corazones, los nocturnos destinos
que os colman. Pastores, qué solo
estoy dentro de vosotros. De pronto tengo
espacio.
No os asombréis: el gran árbol del pan
dio sombra. Sí, procedía de mí.
Impertérritos, oh, si supierais
cómo brilla el futuro
en vuestros acechantes rostros. En esta luz
potente
mucho ha de suceder. Yo os lo confío, puesto
que estáis callados; a vosotros, rectos de corazón,

redet hier alles. Glut und Regen spricht,
der Vögel Zug, der Wind und was ihr seid,
keins überwiegt und wächst zur Eitelkeit
sich mästend an. Ihr haltet nicht
die Dinge auf im Zwischenraum der Brust
um sie zu quälen. So wie seine Lust
durch einen Engel strömt, so treibt durch euch
das Irdische. Und wenn ein Dorngesträuch
aufflammte plötzlich, dürfte noch aus ihm
der Ewige euch rufen, Cherubim,
wenn sie geruhten neben eurer Herde
einherzuschreiten, wunderten euch nicht:
ihr stürztet euch auf euer Angesicht,
betetet an und nenntet dies die Erde.

Doch dieses war. Nun soll ein Neues sein,
von dem der Erdkreis ringender sich weitet.
Was ist ein Dörnicht uns: Gott fühlt sich ein
in einer Jungfrau Schoß. Ich bin der Schein
von ihrer Innigkeit, der euch geleitet.

todo os habla aquí. Habla el apasionado ardor
y habla la lluvia,
las bandadas de pájaros, el viento y lo que sois,
ninguno prevalezca, ni de vanidad
se hinche. No retengáis
las cosas en el interior del pecho
para atormentarlas. Así como su gozo
mana a través de un ángel, así os atraviesa
lo mundano. Y si una zarza
ardiera de repente, podría de ella
llamaros el Eterno, si querubines
se dignaran a pasear
junto a vuestro rebaño, no habría de
sorprenderos:
os postraríais sobre vuestro rostro,
adoraríais y llamaríais a esto la tierra.

Pues esto ha sucedido. Pero ahora se trata de
algo nuevo,
desde donde se extiende el orbe de la Tierra a
duras penas.
Qué es la zarza ahora para nosotros: Dios se
encarna
en el seno de una virgen. Yo soy la claridad
de sus adentros, que ahora os guía.

Geburt Christi

Hättest du der Einfalt nicht, wie sollte
dir geschehn, was jetzt die Nacht erhellt?
Sieh, der Gott, der über Völkern grollte,
macht sich mild und kommt in dir zur Welt.

Hast du dir ihn größer vorgestellt?

Was ist Größe? Quer durch alle Maße,
die er durchstreicht, geht sein grades Los.
Selbst ein Stern hat keine solche Straße.
Siehst du, diese Könige sind groß,

und sie schleppen dir vor deinen Schooß

Schätze, die sie für die größten halten,
und du staunst vielleicht bei dieser Gift –:
aber schau in deines Tuches Falten,
wie er jetzt schon alles übertrifft.

Aller Amber, den man weit verschifft,

El nacimiento de Jesús

Si no albergaras el candor, ¿cómo podría
acaecerte cuanto ahora ilumina la noche?
Observa, el Dios que truena enfurecido sobre
pueblos
se amaina y viene al mundo en ti.

¿Lo habías imaginado aún más grande?

¿Qué es la grandeza? Atravesando toda magnitud,
que él transita, avanza su destino recto.
Ni siquiera una estrella posee una vía semejante.
Observas, esos reyes son grandes,

y depositan frente a tu vientre

tesoros, que ellos consideran los más grandes,
y quizás te sorprendas ante tales obsequios...:
pero mira en los pliegues de tu lienzo
como ya Él todo lo sobrepasa.

Todo el ámbar traído de los lejanos mares,

jeder Goldschmuck und das Luftgewürze,
das sich trübend in die Sinne streut:
alles dieses war von rascher Kürze,
und am Ende hat man es bereut.

Aber (du wirst sehen): Er erfreut.

toda alhaja de oro y la especia
que se esparce brumosa en los sentidos:
todo era de una enorme brevedad,
y al final se arrepintieron de ello.

Pero (ya lo verás): Él trae la alegría.

Rast auf der Flucht in Aegypten

Diese, die noch eben atemlos
flohen mitten aus dem Kindermorden:
o wie waren sie unmerklich groß
über ihrer Wanderschaft geworden.

Kaum noch daß im scheuen Rückwärtsschauen
ihres Schreckens Not zergangen war,
und schon brachten sie auf ihrem grauen
Maultier ganze Städte in Gefahr;

denn so wie sie, klein im großen Land,
– fast ein Nichts – den starken Tempeln nahten,
platzten alle Götzen wie verraten
und verloren völlig den Verstand.

Ist es denkbar, daß von ihrem Gange
alles so verzweifelt sich erbost?
und sie wurden vor sich selber bange,
nur das Kind war namenlos getrost.

Immerhin, sie mußten sich darüber
eine Weile setzen. Doch da ging –

Descanso en la huida a Egipto

Esos, quienes hace muy poco huían
jadeantes de la matanza de inocentes:
oh, qué imperceptiblemente grandes
se habían tornado en su peregrinaje.

No había apenas desaparecido
su angustiosa pena al echar la vista atrás,
y a lomos de su mula gris ponían
ya en peligro a urbes enteras;

pues tal como ellos, pequeños en la extensa tierra,
(apenas una nada) se aproximaban a robustos
templos,
hacían estallar todos los ídolos cual renegados
que perdieran el juicio por completo.

¿Es posible que en su peregrinaje
todo cayera preso de la desesperación?
Y hasta tuvieron miedo de sí mismos,
tan solo el Niño albergaba una paz sin nombre.

Sin embargo, tuvieron que hacer
un alto en el camino. Entonces sucedió...

sieh: der Baum, der still sie überhing,
wie ein Dienender zu ihnen über:

er verneigte sich. Derselbe Baum,
dessen Kränze toten Pharaonen
für das Ewige die Stirnen schonen,
neigte sich. Er fühlte neue Kronen
blühen. Und sie saßen wie im Traum.

observa: el árbol que tranquilo se elevaba sobre
ellos,
como un sirviente en su dirección:

se comenzó a inclinar. El mismo árbol
cuyas coronas ornan para la eternidad
las frentes de los faraones muertos,
se inclinaba. Él sintió brotar
nuevas copas. Y se sentaron como en sueños.

Von der Hochzeit zu Kana

Konnte sie denn anders, als auf ihn
stolz sein, der ihr Schlichtestes verschönte?
War nicht selbst die hohe, großgewöhnte
Nacht wie außer sich, da er erschien?

Ging nicht auch, daß er sich einst verloren,
unerhört zu seiner Glorie aus?
Hatten nicht die Weisesten die Ohren
mit dem Mund vertauscht? Und war das Haus

nicht wie neu von seiner Stimme? Ach
sicher hatte sie zu hundert Malen
ihre Freude an ihm auszustrahlen
sich verwehrt. Sie ging ihm staunend nach.

Aber da bei jenem Hochzeitsfeste,
als es unversehns an Wein gebrach, –
sah sie hin und bat um eine Geste
und begriff nicht, daß er widersprach.

De las bodas de Caná

¿Es que acaso podría ella no estar
orgullosa de Él, que embelleció su extrema
sencillez?
¿No se hallaba como fuera de sí la alta y avezada
noche, tan sólo porque Él hizo acto de presencia?

¿No sucedió también que una vez se perdió
para una mayor gloria de su nombre?
¿No habían confundido los más sabios
los oídos con la boca? ¿Y no estaba la casa

como nueva debido a su voz? ¡Ah,
seguro que ella se había contenido
de revelarle a Él cientos de veces
la luz de su alegría! Lo seguía asombrada.

Pero entonces en aquella boda
en la que de repente faltó el vino...
se lo quedó mirando y pidió un gesto
y no se percató de que Él lo rechazaba.

Und dann tat er's. Sie verstand es später,
wie sie ihn in seinen Weg gedrängt:
denn jetzt war er wirklich Wundertäter,
und das ganze Opfer war verhängt,

unaufhaltsam. Ja, es stand geschrieben.
Aber war es damals schon bereit?
Sie: sie hatte es herbeigetrieben
in der Blindheit ihrer Eitelkeit.

An dem Tisch voll Früchten und Gemüsen
freute sie sich mit und sah nicht ein,
daß das Wasser ihrer Tränendrüsen
Blut geworden war mit diesem Wein.

Y entonces Él lo hizo. Ella comprendería algo
    más tarde
cómo lo empujó en su camino:
pues a partir de entonces fue de veras obrador
    de milagros,
y todo el sacrificio estaba impuesto,

incontenible. Sí, estaba escrito.
¿Pero es que estaba acaso listo entonces?
Ella: ella lo había desencadenado
en la ceguera de su vanidad.

Sentada a la mesa llena de frutas y verduras
ella lo celebraba con el resto y no se percató
de que el agua de sus lagrimales
se había tornado en sangre con el vino.

Vor der Passion

O hast du dies gewollt, du hättest nicht
durch eines Weibes Leib entspringen dürfen:
Heilande muß man in den Bergen schürfen,
wo man das Harte aus dem Harten bricht.

Tut dirs nicht selber leid, dein liebes Tal
so zu verwüsten? Siehe meine Schwäche;
ich habe nichts als Milch- und Tränenbäche,
und du warst immer in der Überzahl.

Mit solchem Aufwand wardst du mir
verheißen.
Was tratst du nicht gleich wild aus mir hinaus?
Wenn du nur Tiger brauchst, dich zu zerreißen,
warum erzog man mich im Frauenhaus,

ein weiches reines Kleid für dich zu weben,
darin nicht einmal die geringste Spur
von Naht dich drückt –: so war mein ganzes Leben,
und jetzt verkehrst du plötzlich die Natur.

Antes de la pasión

Oh, si Tú has querido esto, no tendrías
que haber nacido de un cuerpo de mujer:
hay que extraer los Salvadores de los montes
donde se arranca la dureza de lo duro.

No te da lástima asolar así
tu amado valle. Observa mi debilidad:
no tengo nada que no sean regatos de leche y
 lágrimas,
y tú me superaste siempre en número.

Me fuiste prometido con tal suntuosidad.
¿Por qué desde un principio no saliste de mí
 furiosamente?
Si solo necesitas tigres para despedazarte,
por qué se me crio en una casa de doncellas,

para tejerte un manto suave y puro,
en el que ni la más mínima huella
de una costura te rozara...: así pasé mi vida entera,
y de repente, ahora, alteras la naturaleza.

Pietà

Jetzt wird mein Elend voll, und namenlos
erfüllt es mich. Ich starre wie des Steins
Inneres starrt.
Hart wie ich bin, weiß ich nur Eins:
Du wurdest groß –
...... und wurdest groß,
um als zu großer Schmerz
ganz über meines Herzens Fassung
hinauszustehn.
Jetzt liegst du quer durch meinen Schoß,
jetzt kann ich dich nicht mehr
gebären.

Pietà

Se vuelve ahora completa mi miseria y sin nombre
me colma. Endurezco como el pétreo
interior de la roca.
Dura como estoy, tengo tan sólo una certeza:
te hiciste grande...
...y te hiciste grande
para sobresalir como un dolor
excesivo de cuanto ya comprende
mi corazón.
Ahora yaces tendido en mi seno,
ahora ya no puedo volver
a darte a luz.

Stillung Mariae mit dem Auferstandenen

Was sie damals empfanden: ist es nicht
vor allen Geheimnissen süß
und immer noch irdisch:
da er, ein wenig blaß noch vom Grab,
erleichtert zu ihr trat:
an allen Stellen erstanden.
O zu ihr zuerst. Wie waren sie da
unaussprechlich in Heilung.
Ja sie heilten, das war's. Sie hatten nicht nötig,
sich stark zu berühren.
Er legte ihr eine Sekunde
kaum seine nächstens
ewige Hand an die frauliche Schulter.
Und sie begannen
still wie die Bäume im Frühling,
unendlich zugleich,
diese Jahreszeit
ihres äußersten Umgangs.

Consolación de María con el resucitado

Lo que entonces sintieron: ¿no es acaso
de todos los misterios el más dulce
y todavía terrenal:
dado que Él, aún algo lívido de la tumba,
acudía a ella aliviado:
resucitado por completo?
Oh, a ella primero. Cómo estaban allí
inefables en sanación.
Sí, ellos sanaban, eso era todo. No tenían
 necesidad
de aferrarse el uno al otro.
Apenas un segundo Él apoyó
su pronto
eterna mano sobre el hombro de mujer.
Y comenzaron
con el sosiego de los árboles en primavera,
y a un mismo tiempo interminables,
esa estación
de su supremo trato.

Vom Tode Mariae

(Drei Stücke)

I

Der selbe große Engel, welcher einst
ihr der Gebärung Botschaft niederbrachte,
stand da, abwartend daß sie ihn beachte,
und sprach: Jetzt wird es Zeit, daß du erscheinst.
Und sie erschrak wie damals und erwies
sich wieder als die Magd, ihn tief bejahend.
Er aber strahlte und, unendlich nahend,
schwand er wie in ihr Angesicht – und hieß
die weithin ausgegangenen Bekehrer
zusammenkommen in das Haus am Hang,
das Haus des Abendmahls. Sie kamen schwerer
und traten bange ein: Da lag, entlang
die schmale Bettstatt, die in Untergang
und Auserwählung rätselhaft Getauchte,
ganz unversehrt, wie eine Ungebrauchte,
und achtete auf englischen Gesang.
Nun da sie alle hinter ihren Kerzen

De la muerte de María
(Tres partes)

I

El mismo ángel inmenso que una vez
le anunció el mensaje de su alumbramiento,
estaba allí parado aguardando a que ella se
    percatara de él,
y habló: ya es hora de que tú aparezcas.
Y, como entonces, se asustó y se mostró
de nuevo como sierva, asumiendo hondamente
    sus palabras.
Pero él brilló e infinitamente cerca
le desapareció como del rostro... y llamó
a los apóstoles distantes y alejados
para reunirlos en la casa en la colina,
la casa del cenáculo. Llegaron con pesar
y entraron temerosos: allí yacía, a lo largo
del lecho angosto, que hundido misteriosamente
en la caída y la designación,
incólume como uno nunca usado,
y atendía a un canto angelical.
Mas en aquel momento en el que vio

abwarten sah, riß sie vom Übermaß
der Stimmen sich und schenkte noch von Herzen
die beiden Kleider fort, die sie besaß,
und hob ihr Antlitz auf zu dem und dem...
(O Ursprung namenloser Tränen-Bäche).

Sie aber legte sich in ihre Schwäche
und zog die Himmel an Jerusalem
so nah heran, daß ihre Seele nur,
austretend, sich ein wenig strecken mußte:
schon hob er sie, der alles von ihr wußte,
hinein in ihre göttliche Natur.

cómo aguardaban todos tras sus velas, se desgarró
del exceso de voces y se desprendió de corazón
de los dos mantos que ella poseía
y alzó su rostro a Aquél y a Aquél…
(Oh, manantial sin nombre de regatos de
lágrimas).

Pero ella se tendió en su debilidad
y arrimó el cielo a Jerusalén
tan cerca que su alma, al partir,
sólo tuvo que estirarse un poco:
entonces Él, que todo lo sabía de ella,
la ascendió en el interior de su naturaleza ya
divina.

II

Wer hat bedacht, daß bis zu ihrem Kommen
der viele Himmel unvollständig war?
Der Auferstandne hatte Platz genommen,
doch neben ihm, durch vierundzwanzig Jahr,
war leer der Sitz. Und sie begannen schon
sich an die reine Lücke zu gewöhnen,
die wie verheilt war, denn mit seinem schönen
Hinüberscheinen füllte sie der Sohn.

So ging auch sie, die in die Himmel trat,
nicht auf ihn zu, so sehr es sie verlangte;
dort war kein Platz, nur Er war dort und prangte
mit einer Strahlung, die ihr wehe tat.
Doch da sie jetzt, die rührende Gestalt,
sich zu den neuen Seligen gesellte
und unauffällig, licht zu licht, sich stellte,
da brach aus ihrem Sein ein Hinterhalt
von solchem Glanz, daß der von ihr erhellte
Engel geblendet aufschrie: Wer ist die?
Ein Staunen war. Dann sahn sie alle, wie
Gott-Vater oben unsern Herrn verhielt,

II

¿Quién habría pensado que hasta su llegada
el cielo pleno estaba incompleto?
El Resucitado se había ya sentado en su sitio,
sin embargo a su lado, durante veinticuatro años,
se halló vacío el asiento. Y habían comenzado
a acostumbrarse ya al hueco puro,
como cicatrizado, pues con su hermoso
resplandecer era llenado por el Hijo.

Así que ella, que entraba al cielo,
no acudió hasta Él, por mucho que lo deseara;
allí no había sitio, sólo Él estaba allí y
    deslumbraba
emitiendo un resplandor que le hacía daño.
Pero en aquel momento ella, la figura moviente,
se unió a los nuevos santos
e inadvertida, luz con luz, se situó,
se desprendió entonces de su ser a la espalda
tal luminaria, que el ángel que fue
por ella iluminado gritó: ¿Quién es esta?
Se hizo el silencio. Entonces todos vieron cómo
Dios-Padre contuvo arriba a Nuestro Señor,

so daß, von milder Dämmerung umspielt,
die leere Stelle wie ein wenig Leid
sich zeigte, eine Spur von Einsamkeit,
wie etwas, was er noch ertrug, ein Rest
irdischer Zeit, ein trockenes Gebrest –.
Man sah nach ihr; sie schaute ängstlich hin,
weit vorgeneigt, als fühlte sie: ich *bin*
sein längster Schmerz –: und stürzte plötzlich vor.
Die Engel aber nahmen sie zu sich
und stützten sie und sangen seliglich
und trugen sie das letzte Stück empor.

de modo que, rodeado de un suave crepúsculo,
quedó el sitio vacío al descubierto
como un leve sufrimiento, una huella de soledad,
como algo que Él aún soportaba, un resto
de tiempo terrenal, una marchita enfermedad...
La miraban y ella devolvía angustiada la mirada,
totalmente postrada cual si sintiera: *yo* soy
su dolor más intenso...: y cayó de repente
desplomada.
Pero los ángeles se la llevaron,
la sostuvieron y cantaron devotos
y ascendieron con ella el último trecho.

III

Doch vor dem Apostel Thomas, der
kam, da es zu spät war, trat der schnelle
längst darauf gefaßte Engel her
und befahl an der Begräbnisstelle.

Dräng den Stein beiseite. Willst du wissen,
wo die ist, die dir das Herz bewegt:
Sieh: sie ward wie ein Lavendelkissen
eine Weile da hineingelegt,

daß die Erde künftig nach ihr rieche
in den Falten wie ein feines Tuch.
Alles Tote (fühlst du), alles Sieche
ist betäubt von ihrem Wohl-Geruch.

Schau den Leinwand: wo ist eine Bleiche,
wo er blendend wird und geht nicht ein?
Dieses Licht aus dieser reinen Leiche
War ihm klärender als Sonnenschein.

III

Se apareció el ángel al apostol Tomás, que
acudió cuando era ya demasiado tarde,
el ángel presuroso que llevaba un tiempo ya
dispuesto
y le ordenó a la entrada del sepulcro:

Echa la piedra a un lado. ¿Quieres saber acaso
dónde está aquella que te conmueve el corazón?
Observa: allí la colocaron por un tiempo
como a un almohadón de lavanda,

de modo que la tierra de ahora en adelante
albergará
su perfume en los pliegues como en los de un
fino paño.
Todo lo muerto (tú lo sientes), todo lo enfermizo
se ve embriagado por su buen olor.

Mira el sudario: ¿dónde hay un sequero
donde reluzca y no se encoja?
Esa luz que emitía ese cadáver puro
fue para él más purificadora que la propia luz
del sol.

Staunst du nicht, wie sanft sie ihm entging?
Fast als wär sie's noch, nichts ist verschoben.
Doch die Himmel sind erschüttert oben:
Mann, knie hin und sieh mir nach und sing.

¿No te sorprende acaso cómo de suave ella se
desprendió de él?
Como si casi aún estuviera allí todavía, nada se
ha movido.
Sin embargo se ha hecho temblar a los cielos en
lo alto:
tú, hombre, arrodíllate y mírame marchar y canta.

Epílogo

Écfrasis de María y de los ángeles en Duino

La vida de María (*Das Marien-Leben*) es considerada por la crítica literaria, injustamente, como una obra menor de Rilke. No lo es por tres motivos: el primero es que Rilke jamás habría escrito las *Elegías de Duino* (*Duineser Elegien*) de no haber compuesto antes este ciclo de poemas en el que los ángeles, cercanos a los elegíacos, adquieren rasgos de comportamiento que servirán de boceto, de primer contacto con su dimensión y de umbral sonoro y musical al poeta. El segundo es que se trata de una obra que supera la concepción del *Ding-Gedicht* (poema-cosa) y que adopta con maestría una línea narrativa polifónica, proveniente quizás de la voz del monje de *El libro de horas* (*Das Stunden-Buch*) y del amor de Rilke por el arte de Venecia, sobre la vida de la mujer más importante y más representada de todos los tiempos, de eco bíblico, pero inductor de la reflexión personal en su consecución, apelativa y mística, íntima y sobrenatural, de difícil conjugación en el tono poético —como el primer recuerdo de la Pascua rusa, trece años antes de su escritura, junto a Lou Andreas-Salomé—. El tercer motivo es que contiene uno de los poemas más hermosos jamás escritos, dedicado al dolor de la Virgen María al verse con su hijo muerto en el regazo: «*Pietà*». Sólo por ese poema es del todo imposible considerar *La vida de María* como una obra menor, por mucho que el propio autor se distanciara de ella con el paso de los años, como en la muy citada carta a la condesa Margot Sizzo en 1922, en la que Rilke confiesa que ambas obras son coevas y que seguro que a ella le extrañaría saberlo por la diferencia en el tono. El hecho de que un autor se distancie o retracte de su obra, o no la considere digna de sus mejores producciones en una etapa posterior, no la exime de su belleza o de su importancia para los lectores y no es un motivo de peso para que la historiografía literaria la invisibilice por ello. Esta edición intenta paliar esa escasez incomprensible de interés por un ciclo de poemas que, si queda eclipsado por la magnificencia de las *Elegías de Duino*, supone su escalinata, su pórtico o su preámbulo. Ni siquiera Cervantes consideró *El ingenioso hidalgo don Quijote de la Mancha* su mejor obra.

Rilke se encontraba en el ya mítico castillo de Duino de Marie von Thurn und Taxis, su Patmos, en el mes de enero de 1912, momento en el que el poeta de Praga recibió una desasosegante noticia por parte de su editor de Insel Verlag, Anton Kippenberg: el pintor y antiguo amigo de Rilke en Worpswede, Heinrich Vogeler, le había transmitido el deseo de publicar una antigua vida de María, escrita en su juventud, con ilustraciones modernistas. Pero Rilke ya no era el mismo de Worpswede, había convivido con Rodin y conocido la pintura y el color de Cézanne (Pau, 2007). El disgusto tuvo que ser de tal calibre que Rilke se propuso escribir y ofrecer otro ciclo de poemas para dicho proyecto y lo llevó a cabo en siete días de fructífera soledad de dicho mes de enero de 1912, a la luz del quinqué, la guía del pintor del monte Athos sobre el escritorio y con el rugido del mar de fondo.

La fecha no es baladí, pues coincide en el tiempo con la revelación que Rilke tuvo en Duino y el comienzo de la escritura de las *Elegías de*

Duino se solapa con el de *La vida de María*. La condesa Marie von Thurn und Taxis nos lo relata así en *Recuerdos de Rainer Maria Rilke*[3]:

> Y un día recibió, a primera hora de la mañana, una molesta carta de negocios. Dispuesto a despacharla rápidamente, se enfrascó en los números y demás arideces. Fuera soplaba una recia bora, pero brillaba el sol, y el mar refulgía azul, como salpicado de plata. Rilke bajó a los bastiones, que, vistos desde el mar, se levantaban a este y a oeste, y se comunicaban por un estrecho sendero al pie del castillo. Allí el acantilado se alzaba a pico a unos doscientos metros sobre el mar. Rilke andaba de un lado para otro, sumido en sus pensamientos, dándole vueltas sin cesar a la respuesta que daría a la carta. Y en eso, de pronto, en medio de sus cavilaciones, se detuvo de repente, pues le pareció como si, en el fragor del vendaval, una voz le hubiera gritado: *Wer, wenn ich schriee, hörte mich aus den Engel Ordnungen?* (¿Quién, si gritara yo, me oiría entre los coros de los ángeles?).

[3] Von Thurn und Taxis, Marie: *Recuerdos de Rainer Maria Rilke*, Paidós, Barcelona, 2004, traducción de Joan Parra.

Pero volvamos a *La vida de María*, que también empieza con una pregunta retórica y una alusión al sonido. Nos encontramos con una obra que resurge de una forma inesperada en la biografía del autor, no sólo como un acto de rebeldía, sino como un acto de retractación estética en el que Rilke escoge y antepone la pintura de iconos bizantina y el Renacimiento italiano sobre el modernismo, la figura humana y divina de una mujer sobre la de los protagonistas masculinos de la Biblia, los ángeles como seres que no pueden escoger y reprimen su canto, que sienten cansancio cuando bajan a la tierra o instan a la gloria y alabanza del Señor. La dedicatoria del libro en este sentido es clara: Heinrich Vogeler propició la ocasión del reencuentro con la figura de María, como ya hiciera otrora. No era la primera vez que Rilke dedicaba un libro a alguien con el que había tenido sus más y sus menos para restañar viejas heridas, *La otra parte de los Nuevos Poemas* está dedicada a su amigo Auguste Rodin una vez que el escultor decidió dejar de contar con él para su puesto de secretario personal y lo expulsó de su residencia en Meudon.

La vida de María es una obra misteriosa ya desde su disposición estructural. Podríamos decir que el ciclo contiene trece poemas, y estaríamos en lo cierto, o quince, y tampoco faltaríamos a la verdad, puesto que el último poema, «De la muerte de María», está dividido en tres partes o tres fragmentos. Simbólicamente el número quince es el número de los misterios del Rosario; mientras que el trece puede aludir directamente al número de los comensales del cenáculo, que es precisamente el lugar en el que ubica Rilke la escena de la muerte de la Virgen María.

Cada uno de los poemas es una écfrasis en sí mismo de un icono imaginado por Rilke, una situación narrativa que se describe y que abre una dimensión simbólica tanto de la vida humana de María como del devenir celestial. El hecho de que Rilke sitúe un *Gedankenstrich*, un guion entre el nombre de María y la palabra vida, supone también esa cesura entre sus dos naturalezas, como el hemistiquio que hace posible al verso alejandrino. El poema no se ciñe únicamente a la fuente bíblica, sino que bebe de la historia del arte, de los evangelios apócrifos y de la propia visión subjetiva del tema que como nuevo evangelista y como iconólogo nos ofrece el yo poético en cada escena. A Rilke no le interesa la veracidad de la fuente, sino la veracidad estética de la representación, como si en la comprensión de la belleza de las misteriosas relaciones entre lo divino y lo humano subyaciera una verdad ulterior, trabazón de la existencia. Por ello, cada poema requiere de una voz narrativa distinta y de tono similar al mismo tiempo, pues Rilke nunca pierde la idea de conjunto y dispone cronológicamente su ciclo.

En el primer poema, «El nacimiento de María», nos encontramos con un yo poético externo, narrador en tercera persona heterodiegético de los acontecimientos, sin embargo, hace una valoración de cuánto le tuvo que costar a los ángeles no ponerse a cantar, es decir, que la voluntad de los ángeles se ve sometida a una voluntad divina superior y se ven abocados a fingir. Conmueve la imagen del padre que va a amansar los mugidos de una vaca para que no molesten a la recién nacida.

En el siguiente poema, «La presentación de María en el templo», Rilke apela directamente al lector en segunda persona del singular, es decir, nos avisa de que es imposible que comprendamos la grandeza de la Virgen María sin estar preparados de antemano para ello y como si fuéramos testigos directos de lo que sucede y describe. La belleza arquitectónica simboliza la grandeza de María, pues el templo, nos parece señalar Rilke en su hipérbole, fue creado para tal momento. Acto seguido narra en tercera persona lo que sucede: el recibimiento a su elegida.

En el tercer poema, «La anunciación a María», Rilke sitúa su voz poética de nuevo en la tercera persona, pero lo hace de un modo en el que la voz narrativa se encuentra al lado de la figura de María y se detiene a explicar en gran parte el origen del miedo que siente ante la figura del ángel. El encuentro es demasiado cercano y la mirada juega un papel esencial en el anuncio de la concepción, también el hecho del cántico al final del poema, que anuncia el círculo que abre y cierra el ciclo: el canto de los ángeles.

En «La Visitación de María» se mantiene el estilo narrativo del poema de la Anunciación; no obstante, Rilke juega con la grandeza del paisaje interior de María y la conciencia del bendito fruto de su vientre. Ambas mujeres acuden al encuentro rodeadas de silencio y buscándose con el tacto, como si de un paralelismo con la escena del bautismo se tratara, una porta a Jesús y otra a Juan Bautista.

En el siguiente poema, Rilke nos sitúa *in medias res* en una conversación entre el ángel y san José, que sospecha, completamente humano, del comportamiento y la ejemplaridad de su esposa María. Mientras que la crítica literaria suele reprochar a Rilke el tono, casi humorístico o cómico, con el que el ángel se dirige a san José y el cómo se acaba de desprender de su gorro al final del poema, se olvida asimismo del precioso símbolo que supone la madera como creación divina y humana y que Rilke sugiere en una de sus habituales disemias metafóricas. Árbol, mesa, cruz, cáliz. El ángel se dirige a José como carpintero, lo que supone un detalle importantísimo en la decisión divina a la hora de escoger un padre terrenal para Jesús y un esposo para María, el ángel no lo llama por su nombre. Cuando José se percata de la naturaleza angelical de su interlocutor, es presa del terror y se arrepiente. Todo ángel era ya terrible en *La vida de María*.

En «Anunciación a los pastores», literalmente «sobre los pastores», el narrador del yo poético se dirige en primera persona a los pastores en una extraña transmutación de la estrella de Belén en la futura voz del Cristo, no de un ángel, sino de una luz transmisora. Rilke era conocedor de la tradición y de la importancia de los pastores para el linaje de Jesús, pues la profecía mesiánica neotestamentaria se remonta a un origen común al entroncarlo con el rey David, tanto por el lugar de nacimiento, la descendencia de José y por su condición simbólica de pastor, buen pastor, dirá el propio Jesús, que dará la vida por sus ovejas. Es un episodio elíptico en cuyo centro se halla el sí de María, la aceptación y el sometimiento libre a la voluntad divina.

En la escena de «Nacimiento de Cristo» el poema está escrito desde una perspectiva en segunda persona dirigida a la figura de María, como si los pensamientos del narrador y los de su identidad fueran vasos comunicantes que se interrogan. Se introduce al lector en una triple intimidad: la de la contemplación de la escena y la de la reflexión entre el poeta narrador y María. Rilke insiste en la sencillez y humildad de María, en el candor que haría posible la encarnación de Dios a través de un cuerpo que hace posible a otro.

En «El descanso en la huida a Egipto» el yo poético adopta la tercera persona contraponiendo la aparente poca importancia de las figuras de la Sagrada Familia que huyen a Egipto de la matanza de inocentes ordenada por Herodes, todavía con el miedo en el cuerpo. El hecho de que estallen los ídolos y de que ciudades enteras se pongan en peligro a su paso es una clara alusión al mensaje cristiano que, todavía germinal, simboliza la existencia del Niño Jesús, el único que no se perturba con todo lo que sucede a su alrededor, como sucederá durante la tormenta en el mar de Galilea. El hecho de que el árbol se incline confirma la naturaleza sobrehumana, pues todo lo natural parece decirnos Rilke identifica la presencia de lo divino y su postración sirve de descanso a los fugitivos. Recuerda, en parte, esta composición al homónimo cuadro de Caravaggio en el que la Virgen María duerme plácidamente con el Niño Jesús en brazos y José sostiene una partitura para un ángel.

El salto en la cronología biográfica de María es evidente en el siguiente poema «De las bodas de Caná». En él Rilke construye con un yo poético en tercera persona las preguntas retóricas que acicatearon a María durante diferentes episodios en su vida y que cronológicamente sustituyen la composición de otros poemas con sólo sugerirse. María es la que insta a que Jesús revele su identidad divina al obrar el milagro de convertir el agua en vino; con ello sella el destino de su hijo, Rilke sugiere cierta impaciencia de María a la hora de desencadenarlo como un acto de vanidad del que alardear en público, inconsciente de la magnitud de su dolor futuro.

En el siguiente poema, «Antes de la pasión», el yo poético escoge la primera persona, la voz de María, que se dirige a una segunda persona, su hijo Jesús, en el momento previo a la pasión. María no comprende por qué su hijo decide asumir un destino abocado al sufrimiento y la destrucción, pues toda su vida ha girado en torno a su cuidado y protección. En el reproche hay una alusión velada a Moisés cuando se habla de la dureza de los montes en la que hay que forjar a los salvadores, pues Moisés hizo brotar agua de la piedra en el pasaje del capítulo 20 de Números. Existe un grabado atribuido a Goya, en paradero desconocido, que ilustra este pasaje con maestría. Dicha mención de la dureza del monte hace a María conocedora de la tradición veterotestamentaria y fundamenta su incomprensión desde un punto de vista psicológico y cultural con congruencia y verosimilitud.

La misma voz poética se dirigirá al hijo muerto en brazos en «*Pietà*». Rilke ya había escrito un poema con ese título y motivo visto desde los ojos de amante de María Magdalena; el amor de la madre que ha perdido a su hijo es desolador. Lo primero que hay que tener en cuenta es la rigidez pétrea que siente María al sostener el cadáver de su hijo, símbolo tanto de la esterilidad como del detenimiento del tiempo a través del dolor. Rilke hace un juego de palabras de difícil traducción al utilizar la palabra «*Fassung*», pues se refiere al mismo tiempo tamaño de su corazón y a la capacidad de entendimiento o discernimiento. He optado, tras noches de cavilaciones y silencio, por la polisemia de la palabra comprender, pues en castellano también recoge ambos sentidos: el espacial y el intelectivo. Sobrecogen los últimos versos en los que se ve a María colmada de aflicción y en los que expresa su mayor desdicha: ya no podrá volver a dar a luz a Jesús. Sin hijo no es madre. Su destino ha sido atroz y, por ello, mayor será su gloria.

Retorna el narrador en tercera persona en «Consolación de María con el resucitado» en la que se relata el encuentro de la Madre con el Hijo y la gratificación de que ella haya sido la primera en encontrarse con Él tras su muerte. Aquí Rilke juega con dicha posibilidad de una forma libérrima y artística o quizás se trate del pensamiento subjetivo de María. En cualquier caso, Rilke prescinde del ángel para su escena de la resurrección y sitúa el encuentro como un nuevo punto de partida de la relación entre ambos. La naturaleza terrenal y femenina de María se ve reparada con respecto al poema anterior, pues ambos sanan.

En las tres partes en las que se divide «De la muerte de María» retorna el narrador en tercera persona con participación directa del ángel de la Anunciación. Rilke recurre a un yo poético muy similar al de «La sospecha de José». De algún modo este cierre del ciclo de poemas tiene varias lecturas simbólicas. La muerte terrenal le es anunciada a María del mismo modo que la Concepción, Rilke sitúa su poema en la tradición que dice que citó a los doce apóstoles y cuenta que santo Tomás habría llegado tarde. No obstante, Rilke modifica a su antojo la cronología de los hechos, pues relata la muerte y la Asunción para cerrar el poemario con la llegada del apóstol Tomás a la tumba de María y su encuentro y despedida con el cántico del ángel, similar en forma a la de Jesús en los sinópticos. Esta versión dista de la legendaria en la que se cuenta que la Virgen dio su cinturón a santo Tomás como prueba de su Ascensión, lo que a Rilke cronológicamente no le pareció necesario; el estudioso Richard Exner apunta que Rilke tuvo acceso en la biblioteca de Duino a las viñetas de *Flos Sanctorum* de Ribadeneyra. La ascensión al cielo de María supuso la culminación celestial, no sólo por la aceptación por parte del Hijo del lugar a su lado, también por el asombro del resto de criaturas célicas que se sorprendieron del nuevo poder de María, tan candoroso, humilde y sencillo en su proceder una vez llegada a la vida eterna. Rilke abre y cierra su poemario con el cántico de los ángeles y con la figura de María elidida en su importancia y presente en la realidad terrenal.

Una prueba irrefutable de que Rilke apreció en algún momento este ciclo de poemas fue su publicación en otoño de 1913 en Insel Verlag; para el investigador lo es mucho más el hecho de que en abril de 1912 leyera el ciclo completo en el castillo de Duino a su amiga y protectora Maria von Thurn und Taxis y a su admirado escritor Rudolf Kassner, hoy también injustamente olvidado, provocando en ellos una honda impresión. Algo tuvo que ver en estos versos el gran músico Paul Hindemith para dedicarle al ciclo mariano una composición musical que rehizo en dos ocasiones, como el propio Rilke sus versos, y que fue pionera del neoclasicismo de la primera mitad del siglo XX para voz y piano.

No hay nada más injusto que silenciar una obra sobre la vida de una mujer, mucho más si esa mujer asume el rol de ser la madre de Jesús. *La vida de María* es la reinterpretación estética de la vida de una niña, de una mujer, de una esposa, de una madre: sinónimo de libertad y de entrega.

Molina de Aragón, 16 de diciembre de 2023

Bibliografía

Literatura primaria

Para la traducción de *Das Marien-Leben*, aparecida por primera vez en la editorial Insel de Leipzig en 1913, se ha utilizado la versión de Manfred Engel y Ulrich Füllerborn de 1966, también de Insel: *Werke. Kommentierte Ausgabe in vier Bänden*, Frankfurt am Main und Leipzig, en concreto, en una reedición de 2006.

Literatura secundaria (selección)

Boa, E. (1984): «Rilke's "Marien-Leben"». *The Modern Language Review*, 79 (4), 846–858.

Cushman, J. S. (2002): «Beyond Ekphrasis: "Logos" and "Eikon" in Rilke's Poetry». *College Literature*, 29 (3), pp. 83–108.

Engel, Manfred (2013): *Rilke Handbuch. Leben-Werk-Wirkung*, Stuttgart-Weimar, J. B. Metzler .

Exner, Richard (1999): *Das Marien-Leben*, Frankfurt a.M., Insel Verlag.

Pau, Antonio (2019): *Vida de Rainer Maria Rilke. La belleza y el espanto*, Madrid, Editorial Trotta.

Prater, Donald A. (1986): *Ein klingendes Glas. Das Leben Rainer Maria Rilke. Eine Biographie*, trad. Fred Wagner, München, Wien, Carl Hanser.

Scholz, A. (1960): «Rilkes "Marien-Leben"». *The German Quarterly*, 33 (2), pp. 132–146.

Stępień, W. (2011): «Musical Ekphrasis». *The Sound of Finnish Angels: Musical Signification in Five Instrumental Compositions by Einojuhani Rautavaara* (NED-New edition, pp. 219–242). Boydell & Brewer.

Thurn und Taxis, Marie von (1932): *Erinnerungen an Rainer Maria Rilke*, R. Oldenburg, München-Berlin.

Thurn und Taxis, Marie von (2004): *Recuerdos de Rainer Maria Rilke*, traducción de Joan Parra, Barcelona, Paidós

Wiesenthal, Mauricio (2015): *Rainer Maria Rilke (El vidente y lo oculto)*, Barcelona, Acantilado.

Fernando J. Palacios León (Madrid, 1984)

Licenciado en Filología Alemana en la especialidad de Literatura (2009), máster en Enseñanza de la lengua alemana (2011), máster en Traducción literaria (2016) por la Universidad Complutense de Madrid, cuyo TFM *La traducción poética de 'Das Stunden-Buch' de Rainer Maria Rilke* obtuvo la máxima calificación. Es, además, máster en Dirección de Centros Educativos (2022).

Fue lector de español en la Universidad Otto-Friedrich de Bamberg de 2011 a 2015, y asistente y traductor en la Cátedra de Románicas en Literatura Hispánica dirigida por el catedrático Enrique Rodrigues-Moura de octubre 2016 a agosto de 2019, universidad en la que impartió, entre otros, cursos de Traducción y versión parafrástica alemán-español, Cultura y civilización española o Expresión escrita.

Ejerce la crítica literaria de obras traducidas o de teoría de la literatura en revistas científicas como *Estudios de Traducción*, *Revista de Filología Alemana* o *Anuari Trilcat*. En el año 2015 vio la luz su edición y traducción de *Aus den Memoiren des Herren von Schnabelewopski* (*De las memorias del señor de Schnabelewopski*), de Heinrich Heine, en la editorial Escolar y Mayo. Ha publicado artículos literarios para los cartapacios de la revista *Turia* sobre autores de referencia internacional en el ámbito de la lengua alemana como Heinrich Böll, Max Frisch, Friedrich Dürrenmatt o Robert Walser.

Como autor, su producción literaria ha alcanzado reconocimiento nacional e internacional. Su obra *Una hora menos* fue galardonada con el XXIX Premio Ciudad de Zaragoza de Relato y su relato *Después de Siberia*, sobre los atentados del 11-M de 2004, obtuvo una mención especial del jurado en el Certamen de Cuento Corto organizado por ALAC Inc. y Biblioteca de Letras Latinas en Auckland (Nueva Zelanda). Con la obra *Los textos de un traidor* obtuvo asimismo el Premio del Forschungszentrums Spaniens der Universität Regensburg (Ratisbona) en el marco del proyecto de Relatos de nuevos inmigrantes españoles. Su cuento *Best-sellers* forma parte del AP Programm College Board, el equivalente a las pruebas de acceso de lengua española a las universidades estadounidenses.

La vida de María se une a la traducción de otras obras de Rainer Maria Rilke como: *El libro de horas* (Pregunta, 2020), *La canción de amor y muerte del alférez Christoph Rilke* (Olifante Ediciones de Poesía, 2020, V Premio Marcelo Reyes a la traducción) y *Notas marginales sobre Nietzsche* (*Marginalien zu Nietzsche*, hasta ahora inéditas en español) en el libro *Rilke y la filosofía* (Arena Libros, 2021, edición de Miguel Cereceda).

Apasionado por transmitir su amor por las palabras y la literatura ha trabajado, tras su regreso a España en 2019, como bibliotecario IB, profesor de Alemán y de Lengua Castellana y Literatura en instituciones educativas de reconocido prestigio como San Patricio International School (Toledo), el Colegio San Juan Evangelista y el Centro Ibn Gabirol-Colegio Estrella Toledano en el que es jefe de departamento de Lengua Castellana y Literatura y coordinador de Secundaria.

Más información, textos, traducciones y contacto en: https://fernandojpalaciosleon.com

Este libro se terminó de imprimir
el 15 de agosto de 2024,
Día de la Asunción de la Virgen María.

Inhalt

Índice

Títulos publicados

PREGUNTA
ediciones

Relatos

Las pérdidas rojas. Chusa Garcés
Cuentos detrás de la puerta. Begoña Abad
Amor, blanco roto. Chusa Garcés
Letras de tinta. Lourdes Aso Torralba
Baños de Panticosa. Premios Literarios. Varios autores
Sobreexposición. Laura Bordonaba Plou
Desde el otro lado. Prosas concisas. Fernando Aínsa
Buscando los orígenes de aquello. Irene Achón, María Jesús Artigas, Alberto Delmalo, Ana García, Coral González, Anabel Hernández, Aitana Muñoz, María José Pardo, Eva Pardos, Elisa Pérez, Manuel Pinos, Pilar Royo
Brioleta. Encuentro de escritoras aragonesas. Lourdes Aso Torralba, María Pilar Benítez Marco, Elena Gusano Galindo, Chusa Garcés, Blanca Langa Hernández, Angélica Morales, Marta Navarro, Almudena Vidorreta
Los soñadores. Roberto Malo
Bilbilitanos en la historia. Ricardo Ramos Rodríguez
El dolor del cristal. Sergio Royo
Polar. Laura Bordonaba Plou
La prueba final y otras historias cortas. Ganadores del Certamen de Cuentos y Relatos Breves Junto al Fogaril
Viviendo en tiempo brutal. Sergio Royo
Contemplación. Franz Kafka
Zaragoza turbia. José María Tamparillas
Sabor metálico. Eva Pardos Viartola
Cuentos esféricos. Chema González
Canciones tristes que te alegran el día. Miguel Mena
Todo es agua. Begoña Fidalgo
Mar de lejos. Manuel Pinos
Y de repente esta lluvia. Sergio Royo
De bares y mujeres. Marta Armingol, Olga Asensio, Laura Bordonaba Plou, Clara Castán Ibarz, Begoña Fidalgo, Paula Figols, Chusa Garcés, Magdalena Lasala, Elvira Lozano, Rosa Martínez, Angélica Morales, Eva Pardos Viartola, Clara S. Mendívil, Laura Serrano
Diáspora. Isabel Gutiérrez Cía
Relatos de La Flama. María Jesús Artigas, Emilia Bayod, Marta Gascón, Clara Járboles, Merche Llop Alfonso, Abraham José Mendoza Diloy, Eva Pardos Viartola, Alfredo Pérez, Elisa Pérez Ibarra, Manuel Pinos, María José Sanjuán, Wenceslao Varona López, Gloria Verdoy
Un martes cualquiera. Laura Latorre Molins
Con voz y voto. Pioneras americanas del relato social y la ciencia ficción y tres piezas del teatro sufragista británico. Edición de Isabel Alquézar y Berta Lázaro
Todos los crímenes del mundo. Sergio Royo

Novela

El último concierto de David Salas. Roberto Malo
Crónica de un deseo. Antonio Ventura
Verde mar del norte. Clara Castán Ibarz
La brújula del universo. Mario de los Santos
El eco entre la bruma. Ricardo Ramos Rodríguez
Las sombras del Imperio. Ricardo Ramos Rodríguez
La movida que te salvó. Mariano Pinós
Merecer la vida. Laura Serrano
Cariñena. Antón Castro
Los días blancos. Marta Armingol
Declive. Fernando Rivarés

Canciones ligeras. Miguel Mena
Hannibaal. Miguel Carcasona
Inventario de monos. Galgo Cabanas (Mario de los Santos y Óscar Sipán)
De viento y sal. Clara S. Mendívil
Jimena. Magdalena Lasala
Catorce. Paula Figols
El silencio y su canción. Ángel Gracia
Marta. Víctor Juan
La nota muerta. Rosa Martínez
Para cenar, aire. Pedro Bosqued
Las batallas perdidas. Jaime Tomás
La fugitiva. Clara Járboles
Alcohol de quemar. Miguel Mena
La casa de los dioses de alabastro. Magdalena Lasala
Tristán. La ética del monstruo. Javier Romero Collazos
Puente de Hierro. Miguel Mena
Máscara. Ricardo Ramos Rodríguez
Leopardos en el diván. Gonzalo Fontana Elboj
Lucífugo. José María Tamparillas
Bendita calamidad. Miguel Mena
La estirpe de la mariposa. Magdalena Lasala
El colapso de la colmena. Julia Jiménez Carrera
Los Hijos de Hura. Abdelrahim Kamal
Dinero caído del cielo. Reyes Salvador
No podría estar más contenta. Marisol Aznar y María Frisa
Leitmotiv. Sergio Sarsa
Profanación. Ramón Acín
Onda Media. Miguel Mena
Proyecto Sada. Javier Gastón
La vista atrás. Laura Serrano
Pájaros azules en Roma. Miguel Ángel Nievas
Alerta Bécquer. Miguel Mena

Poesía

Litiasis. Manuel M. Forega
Todas las religiones son una / No hay religión natural. William Blake
Estoy poeta (o diferentes maneras de estar sobre la Tierra). Begoña Abad
AntiaéreA. Encuentro poético en Zaragoza. Carmen Camacho, Alicia García Núñez, Marta Navarro, Chus Pato, Inés Povar, Miriam Reyes, Sandra Santana, Hermanas del Hambre (Elisa Berna y Charo de la Varga)
Todo estalla dicho. Elvira Lozano
La experiencia de la poesía. Ángel Guinda
AntiaéreA II. Poesía encontrada en Zaragoza. Ajo, Eva Antón Bravo, Zhivka Baltadzhieva, Isabel Bono, Javier Corcobado, Cristina Járboles, Laia López Manrique, David Mayor, Carmen Ruiz Fleta
Diez años de sol y edad (Antología 2006-2016). Begoña Abad
Alud. Javier Fajarnés Durán
Los países de piedra. Pablo Javier Pérez López
Existe algún lugar en donde nadie. Juan Pablo Roa
Te mataré mientras vivas (Coronación supersónica). Raúl Herrero
La ciudad y el cuchillo. Javier Fajarnés Durán
Vidrieras. Laurent Tailhade
El tiempo de las alambradas. Antología poética. Antonio Orihuela
Esta vida verde. Antología poética. Lyn Coffin
Las palabras son nocivas. Antología poética. Amador Palacios
Las locuras ya no son locuras. Antología poética. Ferruccio Brugnaro
El techo de los árboles. Begoña Abad
Satirologio. Epigramas del siglo XXI. José Verón Gormaz
Caballo de mina. Gerardo Vacana
Big Bang. José Luis Esteban

Los signos en el agua. Noventa y nueve poemas. Joaquín Sánchez Vallés
Avanza el olvido. Javier Ramón Jarne
Fábrica de la seda. Miguel Ángel Curiel
Casa junto al arrecife. Enrique Ariño Gil
Trivium. Marcos Castillo Monsegur
El lenguaje de las ballenas. Begoña Abad
El libro de horas. Rainer Maria Rilke
Gran Guiñol. Miguel Ángel Ortiz Albero
Cantares y presagios. José Verón Gormaz
Marcha por el desierto. Sandra Santana
Una guitarra de contrabando. Gerardo Vacana
Diccionario de garzas y de mirlos. Pablo Javier Pérez López
Piedra y tijeras. Nacho Tajahuerce
#MedeaHaVuelto. Angélica Morales
Madres. Begoña Abad
Todas las moradas de mi aliento. Jacques Meylan
Razón de espera. Rafael Lobarte Fontecha
Poesía. Guido Cavalcanti
Tránsito. María Pilar Martínez Barca
Viejo. Sergio Gómez
Barro. Miguel Ángel Curiel
Historia del mundo antiguo. Joaquín Sánchez Vallés
Este día, este momento. Juan Pablo Roa
El miedo del doble a la soledad. Rosa Martínez
Un vuelo sin la mecánica adecuada. Pecker
Brioleta volumen 2. Poesía aragonesa en femenino. Carmen Aliaga, María Pilar Benítez Marco, Mar Blanco, Marta Domínguez Alonso, María Dubón, Ana Giménez Betrán, Reyes Guillén, Blanca Langa Hernández, Angélica Morales, Trinidad Ruiz Marcellán, Helena Santolaya y Carlota Urgel
Entre el huerto y el corral y otros versos. Gerardo Vacana
Cantar cuarenta. Cancionero completo 1983-2023. Gabriel Sopeña
Sálvida. Sofía Díaz Gotor
La fuerza de la tierra. Paula Martínez
Ahab. Antología poética. Carlos Ramos
Enseres del invierno. Miguel Carcasona
A la izquierda del padre. Begoña Abad
La muerte se llama Juan. Joaquín Sánchez Vallés
Y ¡PUM! Un tiro al pajarito. Sandra Santana
La vida de María. Rainer Maria Rilke

Libro ilustrado

El dibujante de relatos. Antón Castro y Juan Tudela
La península de Cilemaga. Helena Santolaya
Marcianos. Sergio Algora y Óscar Sanmartín
La odisea de Fortunato. Pere Inglés y David Girón

No ficción

Reconstrucción. Miguel Ángel Ortiz Albero
Sahara Occidental. Cuarenta años construyendo resistencia. Varios autores
Residencia y tránsito de las letras en Aragón. Fernando Aínsa
Diario de campo de un psicólogo en un club de fútbol. Luis Cantarero
Marcelino. Muerte y vida de un payaso. Víctor Casanova Abós
Aragón en el sistema solar. Carlos Garcés Manau
Los poetas malditos. Paul Verlaine
Poetas y poéticas. Ensayos. Amador Palacios
Del espejismo de la revolución a la venganza de la victoria. Guerra y posguerra en Barbastro y el Somontano (1936-1945). José María Azpíroz Pascual
Nerín. Memorias compartidas. Varios autores. Edición de Rafael Latre
Sahara Occidental. Del abandono colonial a la construcción de un estado. Varios autores

El hombre elefante. Frederick Treves
Pasaron por aquí. Antón Castro
Nacer para aprender, volar para vivir. Un acercamiento a la poesía de Begoña Abad. José María García Linares
¡Cállate, papá! Padres y violencias en el fútbol industrial. Luis Cantarero
Metodologías activas en el aula. Innovación educativa para fomentar el aprendizaje Significativo del alumnado. Pablo Usán Supervía y Carlos Salavera Bordás (coords.)
Gamificación educativa. Innovación en el aula para potenciar el proceso de enseñanza-aprendizaje. Pablo Usán Supervía y Carlos Salavera Bordás (coords.)
El viaje exterior. Ensayos censores IV. Manuel Martínez-Forega
Teruel. Otra dimensión. Juan Villalba Sebastián
Opiniones de mujeres. María Domínguez
La guerra de los robots. Cómo la tecnología está cambiando los conflictos armados. Francisco Rubio Damián
La escritura por venir. Ensayos sobre arte y literatura en los siglos XX y XXI. Sandra Santana
La vida al alcance de la mano. La discapacidad a través de mi historia. Álex Sánchez
El viaje exterior. Ensayos censores V. Manuel Martínez-Forega
El camino de la serpiente. Escritos ocultistas. Fernando Pessoa
La jota, aragonesa y cosmopolita. De San Petersburgo a Nueva York. Marta Vela
El bazar infinito. Rutas y mares entre Oriente y Occidente. Alberto Cebrián
Ríos que mueren sin mar. Viaje por las culturas de Asia central. Enrique Ariño Gil
Humanizar el fútbol. Deporte y transformación social. Julio Salinas y Luis Cantarero (coords.)
Tú eres antes que todo. Correspondencia de Ramón Acín y Conchita Monrás. Víctor Juan
Adolescentes del siglo XXI. Técnicas de liderazgo parental. Marisa Felipe
Aurora y la celiaquía. Laura Marín
Zaragoza. Historias de ida y vuelta. Miguel Mena
Aragón. Formas de ser. Miguel Mena
Viaje al mar. Diario de un nabatero. Kike Fernández
Un violinista en el Titanic. Tribulaciones de un heterodoxo. Ángel Garcés Sanagustín
Diario del último año. Florbela Espanca
Juan de Velasco, primer maestre de campo de la Ciudadela de Jaca. Marcos Mayorga
Creatividad de andar por clase. Asunción Porta
Albarracín. Un viaje en el tiempo. Juan Villalba Sebastián
Diálogos en cautividad. Antón Castro
Deambulatorio. Miguel Ángel Ortiz Albero
Mauricio Aznar y Almagato. La historia. Jaime González
Máquinas que cuentan historias. La inteligencia artificial y la literatura del futuro. Varios autores
Cincuenta estaciones europeas. Catedrales de la modernidad. Alfonso Marco
La jota, aragonesa y liberal. Zaragoza, Madrid y París. Marta Vela

Infantil

La Dama, el Duende y el Rey. Tres leyendas aragonesas. Roberto Malo, José María Tamparillas, Daniel Tejero y David Guirao
Moflete, el elegante. Agustín Porras y Arturo García Blanco
La ardilla poeta y el futuro del planeta. Pilimar Aguilar y Xcar Malavida
Moflete ya sabe contar. Agustín Porras y Arturo García Blanco
Agentes del futuro. María Frisa y Xcar Malavida
Minicó dice no. Nerea Mur
El príncipe que cruzó allende los mares. Roberto Malo, Francisco Javier Mateos y David Guirao
De tu abrazo a las estrellas. Victoria Alcalde y Ruth Alarcón
Mocoloco y Flemalarga. Nines Barcelona y Nerea Mur
San Jorge y el dragón. Daniel Nesquens y David Guirao
Antes de las nueve. Pablo Ferrer, Paula Figols, Marina Santos, Christian Peribáñez y Zaira Andrés
Erny, el monstruo de la Laguna Negra. María Álvarez e Irene Campos
Lex, el Tiranosaurio Rex. Roberto Malo, Daniel Tejero y Blanca Bk
La ardilla poeta y su libro de recetas. Pilimar Aguilar y Xcar Malavida
Un viernes soleado. Pepe Serrano y Raquel Samitier
Mika, el niño fantasma. Daniel Tejero y Bernal